THÈSE

PRÉSENTÉE

A LA FACULTÉ DES SCIENCES DE MARSEILLE

POUR OBTENIR

LE GRADE DE DOCTEUR DE L'UNIVERSITÉ D'AIX-MARSEILLE

Mention Sciences

Par M. Alexandre d'ANSELME

Licencié ès sciences physiques
Ingénieur chimiste à la Société Solvay et Cⁱᵉ

Solubilité du Gypse dans les Solutions de Chlorure de Sodium

Soutenue le   Juin 1904, devant la Commission d'examen

COMPOSÉE DE

MM. PERDRIX, *Président*
FABRY
RIVALS } *Examinateurs*

MARSEILLE

TYPOGRAPHIE ET LITHOGRAPHIE BARLATIER
Rue Venture, 19

1904

THÈSE

PRÉSENTÉE

A LA FACULTÉ DES SCIENCES DE MARSEILLE

POUR OBTENIR

LE GRADE DE DOCTEUR DE L'UNIVERSITÉ D'AIX-MARSEILLE

Mention Sciences

Par M. Alexandre d'ANSELME

Licencié és-sciences physiques;

Ingénieur-Chimiste à la Société Solvay et Cⁱᵉ

Solubilité du Gypse dans les Solutions de Chlorure de Sodium

Soutenue le Juin 1904, devant la Commission d'examen

COMPOSÉE DE

MM. PERDRIX, *Président.*

FABRY,

RIVALS, } *Examinateurs.*

MARSEILLE

TYPOGRAPHIE ET LITHOGRAPHIE BARLATIER

Rue Venture, 19.

1904

ACADÉMIE D'AIX

FACULTÉ DES SCIENCES DE MARSEILLE

Doyen : M. CHARVE ...., Mécanique.

PROFESSEURS :

MM. STEPHAN...................... Astronomie.
HECKEL.................... Botanique.
DUVILLIER................. Chimie industrielle.
SAUVAGE.................... Calcul différentiel et intégral.
MACÉ DE LÉPINAY........ Physique.
VASSEUR .... Géologie.
PAUCHON................... Botanique agricole.
JOURDAN................... Physiologie.
VAYSSIÈRE................. Zoologie agricole.
PERDRIX.................. Chimie.
FABRY.................... Physique industrielle.

PROFESSEURS-ADJOINTS :

MM. JUMELLE.................... Botanique.
BUISSON.................... Physique.

Chargés de Cours :
MM. RIVALS .... Chimie.
DARBOUX.................... Zoologie.

Chargés de Conférences :
MM. JAMET.................... Mathématiques.
GERBER.................... Botanique.

Secrétaire :
M. du BOURGUET.

A Monsieur Ernest SOLVAY

HOMMAGE RESPECTUEUX

INTRODUCTION

Cette thèse a pour but l'étude de la solubilité du gypse ($SO^4Ca, 2H^2O$) dans les dissolutions de chlorure de sodium.

Les résultats publiés à ce jour sur cette question sont très différents suivant les auteurs.

Ainsi, pour ne citer que les principaux, Frank Cameron [1] publie en Amérique une courbe de solubilité présentant un maximum et M. Cloez [2] en France publie une courbe dont les abscisses et les ordonnées croissent simultanément.

Je me propose dans ce travail d'expliquer ces divergences.

Ma thèse est divisée en quatre chapitres :

Dans le premier, je revois les résultats obtenus, sur la solubilité du sulfate de calcium dans l'eau pure par les divers auteurs qui ont étudié cette question ; et fais une série de déterminations sur ce sujet.

Le Chapitre II entre dans le sujet et étudie la solubilité du sulfate de calcium ajouté dans des dissolutions de chlorure de sodium préparées d'avance à un titre connu.

La courbe de solubilité obtenue de cette façon présente un maximum vers 140 grammes par litre de chlorure de sodium.

Elle concorde parfaitement avec celle publiée par M. Frank Cameron.

---

(1) *Bull. soc. chim.* 3., t. 28, p. 50.
(2) *Bull. soc. chim.* 3., t. 29, p. 167.

Dans le chapitre III je provoque la formation du sulfate de calcium dans des dissolutions de chlorure de sodium à titres variables, par double décomposition entre des quantités équimoléculaires de chlorure de calcium et de sulfate de soude.

Les résultats obtenus de cette façon pour la solubilité du sulfate de calcium sont les mêmes que ceux obtenus dans le chapitre précédent. (Courbe II).

Chapitre IV. — Dans ce chapitre, je m'inspire des travaux exécutés récemment par M. Ch. Cloez, et constate la véracité du fait capital suivant : « Si une dissolution saturée à la fois en chlorure de sodium et en sulfate de calcium (abscisses et ordonnées du point extrême de la courbe II, NaCl = 318, SO⁴Ca = 5,21) est soumise à l'évaporation (cloche à vide ou évaporation à l'air libre), il se dépose d'abord du chlorure de sodium exempt de calcium : »

Pendant ce temps les teneurs en calcium de l'eau mère augmentent, mais ne concordent plus avec celles en acide sulfurique.

Si l'on évapore du simple au double la solution saturée en question (qui était pourtant saturée et en sulfate de calcium et en chlorure de sodium), tout le calcium reste en dissolution dans l'eau mère et les cristaux se composent d'un mélange de chlorure de sodium et de sulfate de sodium avec absence de calcium.

Cette présence de sulfate de sodium dans les cristaux de chlorure de sodium déposés, démontre irréfutablement qu'il s'est formé une quantité correspondante de chlorure de calcium, aux dépens du sulfate de calcium et du chlorure de sodium d'après la réaction :

$$SO^4Ca + 2\,NaCL = SO^4Na^2 + CaCl^2$$

et que ce chlorure de calcium est resté dans l'eau mère puisqu'il n'y a pas trace de calcium déposé dans les cristaux.

Ceci explique à l'évidence pourquoi M. Cloez qui opérait

de cette façon pour établir sa courbe de solubilité a trouvé pour la chaux des nombres très forts. Il déterminait tout simplement une autre courbe qui correspondait à un mélange de sulfate et de chlorure de calcium.

J'ai repris alors complètement les déterminations de M. Cloez en adoptant son mode opératoire et j'ai trouvé des résultats identiques aux siens en évaluant tout le calcium en sulfate de calcium (courbe III).

Les divergences sur cette question provenaient de la double décomposition entre le sulfate de calcium et le chlorure de sodium, réaction qui se produit pendant la concentration des solutions.

J'avais constaté ce fait déjà depuis trois ans dans les marais salants de la Camargue, quand des eaux saturées de sulfate de calcium (7 gr. environ) a une teneur de 140 à 150 grammes par litre de chlorure de sodium (15° Baumé) sont envoyés sur les surfaces où doit se déposer le sulfate de calcium. Quand ce séjour était très prolongé, les teneurs en calcium dissous, évaluées en sulfate atteignaient 8 à 9 grammes par litre; alors qu'il était absolument impossible de dissoudre cette même quantité de calcium dans une dissolution de chlorure de sodium à la même teneur, mais non soumise à l'évaporation.

C'est sous l'influence de l'évaporation que cette double décomposition se produit.

Je dois en terminant cette introduction remercier :

Messieurs les professeurs de la Faculté des Sciences de Marseille et en particulier MM. Cavalier, Perdrix et Rivals qui m'ont prêté avec la plus grande bienveillance le concours de leurs savants conseils.

M. Daubrée, ingénieur, directeur des usines Solvay de Salin de Giraud qui a su me faciliter cette tâche dans la plus large mesure; et concilier les travaux et déplacements nécessités par les études relatives à cette thèse, avec les exigences de mon service.

M. Bouvard, directeur des Salines de la Société Péchiney, en Camargue, de l'obligeance avec laquelle il a fait mettre à ma disposition tous les échantillons de liquides des tables salantes, dont l'étude qui rentrait dans ce cadre de travaux, m'intéressait.

CHAPITRE PREMIER

Solubilité du Gypse dans l'eau

Beaucoup d'auteurs ont étudié la solubilité du gypse dans l'eau, mais les résultats qu'ils ont publiés sont souvent assez différents.

Pour expliquer ces divergences, diverses hypothèses sur la sursaturation et la sous-saturation ont été publiées.

La cause réelle de ces divergences semble résider dans le temps très long qui est nécessaire au gypse pour se dissoudre, et, une fois la dissolution commencée, l'équilibre final entre les corps se dissolvant et la solution ne s'atteint que très lentement.

Afin de permettre une comparaison des résultats trouvés par les divers auteurs, le tableau ci-après fournit les chiffres de solubilité obtenus par ces derniers.

NOMS DES AUTEURS	Températures	Parties d'eau nécessaires pour dissoudre une partie Sulfate de Chaux.	SO_4Ca Gr. p. lit.	Parties d'eau nécessaires pour dissoudre une partie de gypse.	SO_4Ca 2 H_2O Gr. p. lit.
Marignac (1)..............	24	479	2,09	378	2,64
id.	18	488	2,05	386	2,59
Poggiale (2)...............	20	415	2,40	»	»
Church (3)...............	21	»	»	419	2,39
Cozza (4).	22	538	1,86	426	2,32
Droeze (5)....,...........	20	»	»	371	2,69
id.	25	»	»	365	2,74
Goldammer (6)............	22	480	2,09	»	»
Kohlrausch (7)............	18	483	2,07	383	2,61
Kameron Frank (8)........	26	469	2,13	372	2,69
Clocz (9).................	14	500	2,00	»	»

(1) Ann. Chim. Phys. (5) I, 274, 1874.
(2)   ibid.   3, 8, 469, 1843.
(3) Isb. Chem. p. 192, 1867.
(4) Gaz. Chem. Ital. p. 135, 1873.
(5) Ber. chem. ges. 10, 330, 1877.
(6) Chem. Centralbl, p. 708, 1888.
(7) Zeit. Phys. chem. 12, 741, 1893.
(8) Phys. chemistry, vol. 5, n° 8, nov. p. 556, 1901.
(9) Bull. soc. chim. (3), t. 28, p. 50.

COURBE I

Courbe de solubilité du SO_4Ca dans l'eau en fonction de la température.

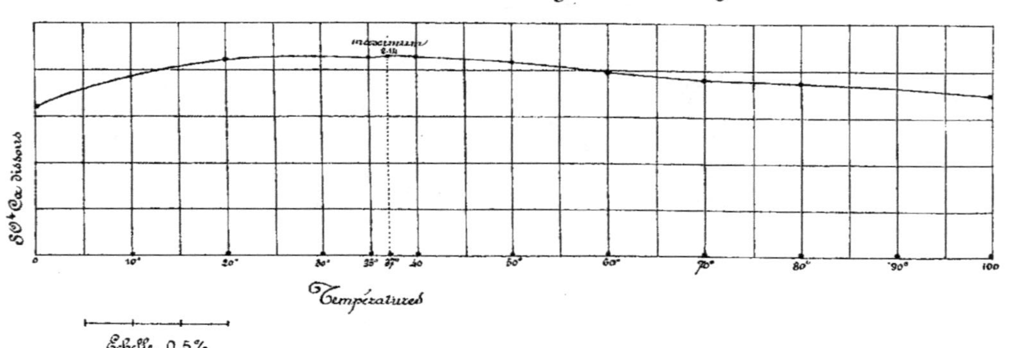

Droze semble avoir apporté beaucoup de soins à ces déterminations de solubilité, il fit suivre son propre travail d'une
revue-critique du travail de ses prédécesseurs sur ce sujet.

Il fit remarquer en particulier que les chiffres de Poggiale
avaient probablement été obtenues en opérant sur des solutions
sursaturées.

Toutefois, les chiffres de Marignac Goldammer Kohlrausch et
Cameron, variant entre 2,05 et 2,13 pour des températures comprises entre 18 et 26° paraissent les plus vraisemblables.

J'ai fait moi-même une dizaine de déterminations à diverses
températures comprises entre 0 et 100° et surtout au voisinage
de la température correspondant au maximum de solubilité.

La chaux était précipitée par l'oxalate d'ammoniaque calcinée,
pesée à l'état de CaO puis reprise par SO^4H^2 et après une nou-
velle chauffe au rouge cerise, pesée à l'état de SO^4Ca.

Tableau des Résultats

Températures	Teneurs en SO^4Ca par litre
0	1,60
20	2,10
35	2,12
37	2,14
40	2,13
50	2,08
60	1,99
70	1,90
80	1,87
99	1,75

Les résultats précédents ont été obtenus en dissolvant du
gypse cristallisé SO^4Ca, $2H^2o$ (gypse fer de lance) dans de
l'eau distillée.

4

Les mêmes résultats ont été obtenus en dissolvant de l'anhydrite, SO^4Ca.

L'anhydrite était obtenue en chauffant jusqu'à poids constant à 170° 200° le gypse.

Le rapport $\dfrac{2H^2O}{SO^4Ca}$ qui, dans le gypse primitif, était égal à 0,264, descendait à 0,002 au bout d'une heure et la transformation en anhydrite était complète au bout de deux heures de chauffe.

CHAPITRE II

Solubilité du Gypse dans les dissolutions
de Chlorure de Sodium
par voie de simple dissolution.

Pour cette étude, il a été confectionné une liqueur 5N de chlorure de sodium (292^{gr}·5 par litre) ; cette liqueur a servi comme point de départ de la préparation de solutions plus étendues de chlorure de sodium, solutions dont la concentration était en relation simple avec la normalité.

Par exemple, pour la solution N, il a été pris 8 volumes d'eau + 2 volumes de solution 5N .

Pour la solution $\frac{5N}{2}$: 5 vol. d'eau + 5 vol. sol. 5N , etc..

Ces solutions ont été placées en présence d'un excès de gypse soigneusement fermées et passées à l'agitation en un bain à température constante

Ceci était réalisé en immergeant en un thermostat, un agitateur mécanique mû électriquement.

Soumis à cette agitation constante et régulière, l'équilibre était très rapidement atteint. Ceci a été constaté en prélevant en un même flacon et en présence d'un excès constant de SO^4Ca une gamme d'échantillons qui ont été aussitôt soumis à l'analyse. L'équilibre était toujours atteint après une demi-heure d'agitation.

De plus, une fois la saturation atteinte, il n'a pas été constaté un seul cas de sursaturation, quel que soit le temps de l'agitation.

Donc une fois l'équilibre atteint, la teneur en SO⁴Ca reste constante pour une même température.

Dans ces conditions d'expérience, le sulfate de calcium a été dosé dans le liquide filtré après saturation. La chaux précipitée par l'oxalate d'ammoniaque a été dosée d'abord à l'état de CaO pur, puis à l'état de sulfate, après reprise par l'acide sulfurique.

Deux séries d'expériences ont été faites, l'une à 14, l'autre à 20° centigrades.

Chaque série comportait une gamme de 18 échantillons tous saturés en sulfate de calcium et dont les teneurs en chlorure de sodium variaient de O (eau pure) à 292$^{gr\cdot}$ 5 par litre (NaCl 5N).

La teneur en sulfate de calcium a été déterminée sur chacun en dosant Ca et SO⁴.

Ces ions correspondaient moléculairement, à l'approximation des analyses près.

Ces résultats sont portés sur le tableau ci-joint et représentés graphiquement sur la courbe II.

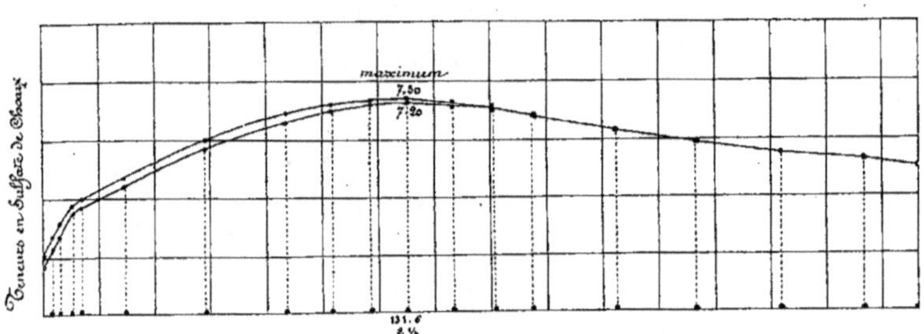

COURBE II
Chiffres supérieurs 20° Inférieurs 14°
maximum
7.30
7.20
Teneurs en Sulfate de Chaux
131.6
2 ¾
Teneurs en Chlorure de Sodium et nombre de molécule par litre
Echelles 2%

RÉSULTATS TROUVÉS [1]

| NaCl par Litre | | SO^4Ca par Litre | |
Grammes	Molécule	A 14°	A 20°
0	$\dfrac{N}{\infty}$	1,70	2,10
2,925	$\dfrac{N}{20}$	2,32	2,70
5,850	$\dfrac{N}{10}$	2,79	3,15
11,70	$\dfrac{N}{5}$	3,41	3,75
14,62	$\dfrac{N}{4}$	3,68	4,00
29,25	$\dfrac{N}{2}$	4,40	4,70
58,50	N	5,72	6,00
87,75	N 1/2	6,58	6,85
102,3	N 3/4	6,90	7,15
117,0	2 N	7,10	7,30
131,6	2 N 1/4	Maximum 7,20	Maximum 7,30
146,2	2 N 2/4	7,10	7,13
160,8	2 N 3/4	7,00	7,05
175,6	3 N	6,80	6,80
204,7	3 N 1/2	6,30	6,30
234,0	4 N	5,90	5,90
263,2	4 N 1/2	5,50	5,50
292,5	5 N	5,30	5,30

(1) *Bull. soc. chim.* (3) t. XXIX, p. 372. 1903.

Un coup d'œil jeté sur ces courbes permet de remarquer que (Courbes II.)

Quand la teneur en chlorure de sodium augmente, la solubilité croît d'abord rapidement, puis lentement, passe par un maximum et décroît, tout en restant constamment supérieure à celle de la solubilité du sulfate de calcium dans l'eau pure.

Ce maximum de solubilité correspord à environ 130$^{gr.}$ par litre de chlorure de sodium (à peu près 2 N $^1/_4$) et est égal à 14° à 7$^{gr.}$2 et 20° à 7$^{gr.}$3 de SO^{4}Ca .

Cette solubilité du sulfate de calcium dans les dissolutions de chlorure de sodium est peu affectée par les variation de température; à partir même de 160$^{gr.}$ par litre de chlorure de sodium,. les deux courbes se confondent.

A saturation, la solubilité du sulfate de calcium est notablement supérieure à ce qu'elle est dans l'eau pure.

Tous ces résultats concordent fort bien avec ceux qui ont été publiés par M. Frank Cameron (1) postérieurement à mes premières communications sur ce sujet; ils sont très différents de ceux de M. Ch. Cloez (2) qui trouve bien que la présence du chlorure de sodium augmente la solubilité du sulfate de chaux, *mais* il constate que cette augmentation de solubilité croît régulièrement avec les teneurs en chlorure de sodium ; et ceci sans passer par aucun maximum.

---

(1) *Bull. soc. chim.*, t. xxviii, p. 50.
(2) *Bull. soc. chim.*, t. xxix, p. 167.

CHAPITRE III

Formation du Sulfate de Chaux
au sein de la solution de Chlorure de Sodium

Dans ce chapitre, j'ai étudié la solubilité du sulfate de calcium prenant naissance dans une solution de chlorure de sodium au sein de laquelle il a été ajouté des parties équimoléculaires de sulfate de sodium et de chlorure de calcium.

Mode Opératoire. — Comme liqueurs point de départ, je me suis servi de deux liqueurs moléculaires exactement contrôlées de chlorure de calcium et de sulfate de sodium.

Chaque prise de 100 centimètres cubes de ces liqueurs correspondait :

$$\text{Pour la première à } \ldots \ldots \quad 0^{mol.}\ 10 \text{ de } CaCl^2$$
$$\text{Pour la seconde à} \ldots \ldots \quad 0^{mol.}\ 10 \text{ de } SO^4Na^2$$

Dans les 800 centimètres cubes qui restaient pour parfaire le litre de liqueur à étudier, l'introduisais le poids de chlorure sodium que devait contenir ma liqueur.

Ainsi, par exemple, désirant étudier la solubilité du sulfate de calcium à environ 140 grammes par litres de NaCl ; je dissolvais 140 grammes de chlorure de sodium dans 800 centimètres cubes d'eau et ajoutais :

$$100 \text{ centim. cubes liqueur moléculaire de } CaCl^2$$
$$100 \quad \text{»} \quad\quad \text{»} \quad\quad \text{»} \quad\quad \text{de } SO^4Na^2$$

J'ai ainsi constitué 4 litres de solutions contenant :

NaCl.... 140 gr. p. l. $CaCl^2$ $0^{mol.}$ 10 SO^4Na^2 $0^{mol.}$ 10
NaCl.... 200 » » 0 10 » 0 10
NaCl.... 250 » » 0 10 » 0 10
NaCl.... 300 » » 0 10 » 0 10

Le mode opératoire pour la préparation de la liqueur à 300 grammes par litre de NaCl a été légèrement changé, afin de pouvoir dissoudre les 300 grammes de chlorure de sodium qui ne se seraient pas dissous dans 800 centimètres cubes d'H^2O.

Dans ce but les 100^{cc} contenant $0^{mol.}$ 10 de chlorure de Calcium ainsi que les 100^{cc} contenant $0^{mol.}$ 10 de sulfate de sodium ont été soumis à l'évaporation jusqu'à ce que le volume initial soit réduit au tiers. Ceci a permis de disposer d'environ 950^{cc} d'eau pour dissoudre les 300 grammes de chlorure de sodium. Le tout était mélangé et complété à un litre.

Ces quatre dissolutions ont été abandonnées au repos pendant 10 jours, dans une salle dont la température était comprise entre 18 et 22° centigrades.

De nombreux essais faits sur ce même sujet m'ont prouvé que l'équilibre s'atteignait lentement, mais au bout de 10 jours il était toujours très largement atteint.

Dès les premières heures de repos, de fins cristaux commençaient à tapisser les parois du ballon.

Au bout de 10 jours, cristaux et eau mère ont été recueillis, pesés et analysés.

Les feuilles suivantes, donnent les résultats des analyses ; qui, dans la reconstitution des éléments calcium et acide sulfurique, se sont le plus rapprochées des quantités mises en œuvre, qui étaient respectivement :

Calcium............... 4^{gr} 00
Ion acide sulfurique SO^4 9 60

Les résultats des analyses exprimés en ions Ca, SO^4 et Cl^2 sont exprimés aussi en fractions de molécules correspondantes.

Solution Nacl à 140 grammes par litre

RÉSULTATS ANALYTIQUES

Eau Mère

Ca
- SO^4Ca trouvé à l'analyse...... 7,20
- Ca correspondant.............. 2,11
- Ca fraction d'atome........... $\dfrac{2,11}{40} =$ 0,052

SO^4
- SO^4Ba trouvé à l'analyse....... 12,11
- SO^4 correspondant.............. 4,99
- SO^4 fraction d'ion............. $\dfrac{4,99}{96} =$ 0,052

Cl
- NaCl chlore total évalué en NaCl. 151,00
- Cl correspondant.............. 91,65
- Cl fraction d'atome........... $\dfrac{91,65}{35,5} =$ 2,580

Cristaux 7 gr. 5

Ca
- SO^4Ca trouvé à l'analyse........ 86,05
- Ca correspondant.............. 25,30
- Ca fraction d'atome........... $\dfrac{25,30}{40} =$ 0,632

SO^4
- SO^4Ba trouvé à l'analyse........ 147,72
- SO^4 correspondant.............. 60,86
- SO^4 fraction d'ion............. $\dfrac{60,86}{96} =$ 0,634

Cl
- NaCl évalué d'après le chlore total 13,67
- Cl correspondant.............. 8,29
- Cl fraction d'atome........... $\dfrac{8,29}{35,5} =$ 0,232

GROUPEMENT CONVENTIONNEL

Eau Mère
- SO^4Ca .. 7,20 g. p. lit.
- Nacl ... 151,00 »
- SO^4Na^2 . 0,00 »

Cristaux
- SO^4Ca ...... 86,05 o/o
- Nacl........ 13,67 »
- SO^4Na^2 ..... 0,28 »
- 100,00 o/o

Solution Nacl à 200 grammes par litre

RÉSULTATS ANALYTIQUES

Eau Mère

Ca
- SO^4Ca trouvé à l'analyse........   6,30
- Ca correspondant..............   1,85
- Ca fraction d'atome........... $\dfrac{1,85}{40} =$ 0,046

SO^4
- SO^4Ba trouvé à l'analyse   10,71
- SO^4 correspondant   4,41
- SO^4 fraction d'ion............. $\dfrac{4,41}{96} =$ 0,046

Cl
- NaCl évalué d'après le chlore total   210,00
- Cl correspondant..............   127,40
- Cl fraction d'atome........... $\dfrac{127,40}{35,5} =$ 3,598

Cristaux 9 gr. 5

Ca
- SO^4Ca trouvé à l'analyse........   78,06
- Ca correspondant.....   22,95
- Ca fraction d'atome........... $\dfrac{22,95}{40} =$ 0,573

SO^4
- SO^4Ba trouvé à l'analyse........   135,51
- SO^4 correspondant   55,83
- SO^4 fraction d'ion............. $\dfrac{55,83}{96} =$ 0,581

Cl
- NaCl évalué d'après le chlore total   20,81
- Cl correspondant..............   12,63
- Cl fraction d'atome........... $\dfrac{12,63}{35,5} =$ 0,354

GROUPEMENT CONVENTIONNEL

Eau Mère
- SO^4Ca ..   6,30 g. p. lit.
- Nacl....   210,00   »
- SO^4Na^2 .   0,00   »

Cristaux
- SO^4Ca ......   78,06 o/o
- Nacl........   20,81   »
- SO^4Na^2   1,13   »
-   100,00 o/o

Solution Nacl à 250 grammes par litre

RÉSULTATS ANALYTIQUES

$$
\text{Eau Mère}
\begin{cases}
Ca
\begin{cases}
SO^4Ca \text{ trouvé à l'analyse} \dots\dots & 5,70 \\
Ca \text{ correspondant} \dots\dots\dots\dots & 1,67 \\
Ca \text{ fraction d'atome} \dots\dots\dots\dots \dfrac{1,67}{40}= & 0,041
\end{cases} \\[2em]
SO^4
\begin{cases}
SO^4Ba \text{ trouvé à l'analyse} \dots\dots & 9,55 \\
SO^4 \text{ correspondant} \dots\dots\dots\dots & 3,93 \\
SO^4 \text{ fraction d'ion} \dots\dots\dots\dots \dfrac{3,93}{96}= & 0,041
\end{cases} \\[2em]
Cl
\begin{cases}
NaCl \text{ évalué d'après le chlore total} & 259,50 \\
Cl \text{ correspondant} \dots\dots\dots\dots & 157,50 \\
Cl \text{ fraction d'atome} \dots\dots\dots\dots \dfrac{157,50}{35,5}= & 4,436
\end{cases}
\end{cases}
$$

$$
\text{Cristaux}\ 10\ gr.\ 6
\begin{cases}
Ca
\begin{cases}
SO^4Ca \text{ trouvé à l'analyse} \dots\dots & 74,87 \\
Ca \text{ correspondant} \dots\dots\dots\dots & 22,01 \\
Ca \text{ fraction d'atome} \dots\dots\dots\dots \dfrac{22,01}{40}= & 0,550
\end{cases} \\[2em]
SO^4
\begin{cases}
SO^4Ba \text{ trouvé à l'analyse} \dots\dots & 129,30 \\
SO^4 \text{ correspondant} \dots\dots\dots\dots & 53,30 \\
SO^4 \text{ fraction d'ion} \dots\dots\dots\dots \dfrac{53,30}{96}= & 0,555
\end{cases} \\[2em]
Cl
\begin{cases}
NaCl \text{ évalué d'après le chlore total} & 24,42 \\
Cl \text{ correspondant} \dots\dots\dots\dots & 14,82 \\
Cl \text{ fraction d'atome} \dots\dots\dots\dots \dfrac{14,82}{35,5}= & 0,416
\end{cases}
\end{cases}
$$

GROUPEMENT CONVENTIONNEL

$$
\text{Eau Mère}
\begin{cases}
SO^4Ca \dots & 5,70 \text{ g. p. lit.} \\
Nacl \dots & 259,50 \quad » \\
SO^4Na^2 \dots & 0,00 \quad »
\end{cases}
\qquad
\text{Cristaux}
\begin{cases}
SO^4Ca \dots & 74,87 \text{ o/o} \\
Nacl \dots & 24,42 \quad » \\
SO^4Na^2 \dots & \underline{\ 0,71 \quad »\ } \\
& 100,00 \text{ o/o}
\end{cases}
$$

Solution Nacl à 300 grammes par litre

RÉSULTATS ANALYTIQUES

Eau Mère

Ca
SO^{4}Ca trouvé à l'analyse...... .   5,20
Ca correspondant..............   1,52
Ca fraction d'atome............ $\dfrac{1,52}{40}=$ 0,038

SO^4
SO^{4}Ba trouvé à l'analyse........   8,85
SO^4 correspondant..............   3,64
SO^4 fraction d'ion............ $\dfrac{3,64}{96}=$ 0,038

Cl
NaCl évalué d'après le chlore total   309,50
Cl correspondant..............   187,80
Cl fraction d'atome............ $\dfrac{187,80}{35,5}=$ 5,260

Cristaux 11 gr. 5

Ca
SO^{4}Ca trouvé à l'analyse........   72,03
Ca correspondant..............   21,48
Ca fraction d'atome............ $\dfrac{21,48}{40}=$ 0,537

SO^4
SO^{4}Ba trouvé à l'analyse   126,05
SO^4 correspondant..............   52,00
SO^4 fraction d'ion............ $\dfrac{52,00}{96}=$ 0,541

Cl
NaCl évalué d'après le Cl total....   26,41
Cl correspondant...............   16,03
Cl fraction d'atome............ $\dfrac{16,03}{35,5}=$ 0,450

GROUPEMENT CONVENTIONNEL

Eau Mère		Cristaux	
SO^{4}Ca..	5,20 g. p. lit.	SO^{4}Ca......	72,03 o/o
Nacl....	309,50 »	Nacl.......	26,41 »
SO^{4}Na^2.	0,00 »	SO^{4}Na^2....	0,56 »
			100 00 o/o

Dans les analyses précédentes, la composition seule de l'eau mère était intéressante puisque le cadre de ce travail ne comprend que l'étude de la solubilité du sulfate de calcium. Toutefois si j'ai procédé à l'analyse complète des cristaux, c'est afin de pouvoir reconstituer la totalité des éléments calcium et acide sulfurique qui avaient été mis en œuvre et ne laisser subsister aucun doute sur l'approximation des analyses.

Le tableau ci-dessous résume les chiffres trouvés pour la solubilité du sulfate de calcium avec les teneurs correspondantes en chlorure de sodium.

Solubilité du sulfate de calcium prenant naissance dans la solution de chlorure de sodium

Teneurs en NaCl	SO⁴Ca dissous
151	7,20
210	6,30
259.5	5,70
309.5	5,20

Ces teneurs en sulfate de calcium concordent parfaitement avec celles trouvées dans la courbe II, l'écart maximum étant de $+ 0^{gr}; 10$ par litre.

Donc les chiffres trouvés pour la solubilité du sulfate de calcium dans l'eau salée, sont encore les mêmes, quand au lieu d'introduire ce sel directement dans la solution, on y provoque sa formation en y introduisant sous forme de dissolution du sulfate de sodium et du chlorure de calcium en quantités équimoléculaires.

CHAPITRE IV

Solubilité de sulfate de calcium dans les dissolutions de chlorure de sodium soumises à l'évaporation

Mise en évidence de la double décomposition entre NaCl et SO⁴Ca

M. Ch. Cloez a remarqué que lorsque l'on soumet à l'évaporation une solution à la fois saturée en sulfate de calcium, et en chlorure de sodium il se dépose d'abord du chlorure de sodium pur (1).

J'ai repris les expériences de M. Cloez en adoptant son mode opératoire et j'ai constaté que le chlorure de sodium déposé dans ces conditions était absolument exempt de sulfate de chaux. Toutefois ce chlorure de sodium n'était pas pur, mais contenait du sulfate de sodium.

Voici en quoi consistait l'expérience que j'ai effectuée.

Une solution saturée de chlorure de sodium et de sulfate de calcium à 25° contenait :

$$SO^4Ca \qquad 5^{gr\cdot} 31 \text{ par litre}$$
$$NaCl \qquad 318^{gr\cdot} \quad » \qquad »$$

Cette solution a été soumise à l'évaporation sous une cloche à vide, munie de chlorure de calcium, jusqu'à ce que le volume initial de 200 centimètres cubes soit réduit de moitié; soit à 100 centimètres cubes.

---

(1) *Bull. Soc. Chim.*, p. 167 du 20 février 1903.

Les cristaux déposés, pendant cette concentration, essorés, et soumis à l'analyse qualitative ; ne contenaient que des traces de calcium ; ce qui confirme bien l'observation faite par M. Ch. Cloez.

Ces mêmes cristaux déshydratés jusqu'à poids constant ont fourni à l'analyse la composition suivante :

Calcium	Traces impondérables
SO^4 évalué en SO^4Na^2	3,01 o/o
Cl évalué en NaCl	97,00 o/o
	100,01 o/o

Ces cristaux ne contiennent pas de calcium, mais contiennent de l'acide sulfurique, combiné à une base qui ne peut être que le sodium, ils contiennent donc, sans aucun doute, du sulfate de soude.

Il n'y avait pas de sulfate de soude dans la solution primitive soumise à l'évaporation, ce sulfate de soude a donc pris naissance aux dépens des deux seuls sels qui se trouvaient dans cette solution c'est-à-dire aux dépens du sulfate de calcium et du chlorure de sodium d'après :

$$SO^4Ca + 2NaCl = CaCl^2 + SO^4Na^2$$

Cette expérience recommencée bien des fois n'a jamais donné de calcium dans les cristaux, la double décomposition entre le sulfate de calcium et le chlorure de sodium pendant la concentration d'une liqueur saturée des deux sels est donc, par ce fait, parfaitement établie.

A son tour l'eau mère a été soumise à l'analyse et a fourni les résultats suivants :

Acide sulfurique total évalué en SO^4Ca		6,70
Excès de chaux évalué en	$CaCl^2$	3,13
Le reste du chlore évalué en	NaCl	318,00

En évaluant le calcium total en SO^4Ca, l'on trouve :
$SO^4Ca = 10^{gr.}\,55$ ce qui reconstitue bien le double de la teneur
en $SO^4Ca = 5^{gr.}\,31$; ce qui vient corroborer la remarque que
j'ai faite plus haut, à savoir que le calcium ne cristallise pas
dans ces conditions, mais reste en entier dans l'eau mère.

Il n'y reste toutefois pas à l'état de sulfate de calcium mais il
y a dans cette eau mère un mélange de sulfates de sodium et de
calcium, de chlorures de sodium et de calcium.

Il est par conséquent impossible d'assigner un groupement
certain aux ions SO^4, Ca et Cl dont les teneurs sont fournies par
l'analyse. Le groupement adopté dans l'analyse de l'eau mère
précédente est celui adopté conventionnellement par l'industrie
salinière quand les analyses ne sont pas exprimées en ions. Ce
dernier mode étant le plus logique, car il ne s'appuie sur
aucune hypothèse.

Reprenons maintenant la solution précédente saturée en
sulfate de calcium et en chlorure de sodium (SO^4Ca, $5^{gr.}\,31$
et $NaCl = 318$ grammes) et poussons la concentration,
jusqu'à ce qu'il se dépose du calcium dans les cristaux. Cette
solution sera alors effectivement saturée à la fois en sel de
sodium et en sel de calcium ; en donnant au mot sel son accep-
tion la plus générale car nous ne savons rien sur le groupement
exact des ions Ca et Na .

Le calcium dosé, est évalué en sulfate par analogie avec ce
que faisait M. Cloez, et me donne $12^{gr.}\,70$ par litre chiffre qui
concorde exactement avec celui trouvé par M. Cloez à saturation de la solution en chlorure de sodium.

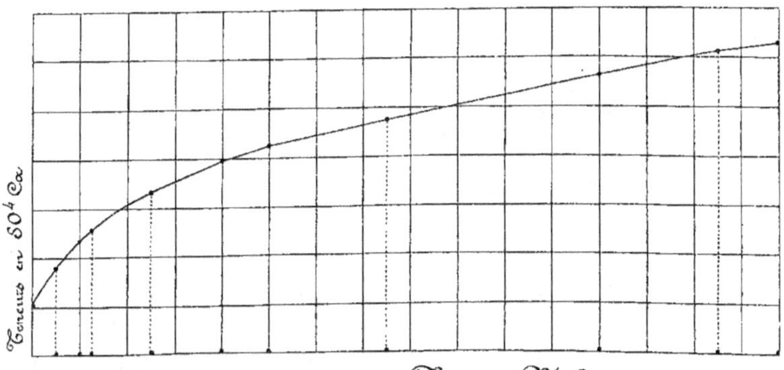

COURBE III
Solubilité du Gypse dans les dissolutions de Chlorure de Sodium
(Voie d'Évaporation)
Température 20° Centigrades
Teneurs en SO⁴Ca
Teneurs en NaCl
Echelles 0.5 %

Reprise des déterminations effectuées
par M. Ch. Cloez.

Dans ce qui suit, je me suis inspiré des indications que M. Cloez a publiées dans le *Bulletin de la Société Chimique* sur le mode opératoire qu'il avait adopté pour cette étude. Voici la méthode que j'ai employée.

Comme point de départ, j'ai préparé une solution contenant 10 grammes de NaCl par litre et saturée en SO⁴Ca.

Cette solution filtrée contenait à 20° centigrades.

$$NaCl \quad 10^{gr}\cdot00 \text{ par litre.}$$
$$SO^4Ca \quad 3\ 60 \quad »$$

(Ca et SO⁴ ont été dosés respectivement et correspondaient moléculairement).

Cette dissolution saturée en SO⁴Ca, par voie de dissolution, a été concentrée sous la cloche à vide jusqu'à ce que le volume initial ait été réduit de la moitié.

Sur le liquide clair, il a été prélevé un échantillon qui après filtration a été soumis à l'analyse.

Il y a été dosé Cl, Ca et SO⁴. Comme on peut le voir, l'acide sulfurique et la chaux ne correspondent plus moléculairement, mais il y a excès de calcium sur l'acide sulfurique. Ceci nous montre qu'il s'est formé du CaCl² et que le calcium se partage dans ses combinaisons entre Cl et SO⁴. Quant au sodium il, s'en trouve forcément à l'état de SO⁴Na² puisqu'il y a eu double décomposition entre SO⁴Ca et NaCl et que ce sulfate n'est pas totalement insoluble; donc le sodium se partage aussi entre Cl et SO⁴.

Il y a donc le mélange de sels, sulfates de sodium et de calcium, chlorures de sodium et de calcium en solution dans l'eau mère soumise à l'analyse.

Résultats analytiques après évaporation à moitié de la solution $NaCl = 10$, $SO^4Ca = 3.60$

Cl Total évalué en NaCl....................... 20,50
Ca Total   »   SO⁴Ca..................... 4,65
SO⁴ Total   »   SO⁴Ca..................... 2,60

Ce chiffre de 4,65 de sulfate de calcium, correspondant au calcium total, se place parfaitement bien sur la courbe de M. Cloez..

En prélevant une suite d'échantillons pendant la marche de la concentration, et en évaluant le calcium et le chlore comme le fit M. Cloez, j'ai trouvé des résultats qui concordent parfaitement avec ceux de M. Cloez et se placent sur une courbe où les abscisses et les ordonnées croissent ou décroissent ensemble, suivant le sens dans lequel on la parcourt.

Résultats trouvés pendant la marche de l'évaporation aux diverses concentrations en NaCl

Teneurs en Cl (évaluées en NaCl)	Teneurs en Ca (évaluées en SO⁴Ca)	Teneurs en SO⁴ (évalué en SO⁴Ca)	Différence du calcium évaluées en CaCl²
0	2,10	2,10	0
20	4,65	2,60	2,05
25	5,10	2,83	2,27
50	6,60	3,65	2,95
80	7,90	4,35	3,55
100	8,50	4,67	3,83
150	9,55	5,25	4,30
240	11,30	6,21	5,09
315,9	12,60	6,93	5,67

Ces résultats sont portés graphiquement sur la courbe III.

CONCLUSION

Frank Cameron admet dans son travail la réversibilité de
la réaction

$$SO^4Ca + 2\,NaCl \rightleftarrows SO^4Na^2 + CaCl^2$$

Cette réaction est démontrée irréfutablement exacte dans le
chapitre III.

De plus, il était inadmissible qu'un même sel (SO^4Ca) se comporte de façons absolument différentes dans les mêmes conditions de température et pression et dans le même milieu, au
point de vue de sa solubilité.

Ces différences de solubilité ne sont qu'apparentes.

La courbe II représente seule la vraie solubilité du sulfate de
calcium dans les solutions de chlorure de sodium.

Quand ces solutions saturées de sulfate de calcium et saturées
ou non de chlorure de sodium sont soumises à l'évaporation,
la réaction

$$SO^4Ca + 2NaCl = SO^4Na^2 + CaCl^2$$

s'accomplit, par petites quantités d'abord, et le calcium total
dissous, évalué en So^4Ca tend vers une limite représentée par la
courbe III. Il est matériellement impossible, en saturant par
simple contact, une eau salée avec du sulfate de calcium,
d'obtenir des teneurs plus élevées que celles portées sur la
courbe II.

Tandis qu'au contraire si l'on soumet à l'évaporation une
solution salée saturée de gypse, il est possible de passer de
la courbe II à la courbe III.

Cette double décomposition est plus active à mesure que le milieu est plus chargé en chlorure de sodium, et l'aire comprise entre ces deux courbes est fonction de cette double décomposition même; c'est-à-dire des teneurs en $CaCl^2$.

Vu et approuvé.

Marseille, le 4 mai 1904.

Le Doyen,

L. CHARVE.

Vu et permis d'imprimer.

Aix, le 5 mai 1904.

Le Recteur,

BELIN.